W0202981

Sicher ist sicher. Bei aller Sorgfalt, die wir in der Recherche haben walten lassen, können sich Öffnungszeiten auch einmal kurzfristig ändern, oder ein Lokal ist gerade an Ihrem perfekten Venedig Wochenende ausgebucht oder geschlossen. Darum empfehlen wir grundsätzlich möglichst weit im Voraus zu reservieren. Ein kurzer Anruf genügt und Sie können sicher sein zur vereinbarten Zeit einen Platz zu finden.

© Süddeutsche Zeitung GmbH, München
für die Süddeutsche Zeitung Edition 2008
in Kooperation mit smart-travelling GbR, Berlin
Reihe „Ein perfektes Wochenende in …“

Idee und Konzept: Nicola Bramigk, Nancy Bachmann, Judith Homoki und e27
Texte: Nicola Bramigk
Fotos: Steffen Jänicke

Umschlaggestaltung: Verena Bettin, e27, Eberhard Wolf
Art Direktion: Verena Bettin, e27
Illustration: Verena Bettin, Stadtkarte: Kathleen Schwibus

Redaktion: Nicola Bramigk, Nancy Bachmann, Renate Bugyi-Ollert
Lektorat: Cécile Bonneton

Projektleitung: Sabine Sternagel
Produktion: JournalMedia GmbH, München
Herstellung: H. Weixler, T. Neseker
Druck und Bindung: Kessler Druck + Medien, Bobingen

2. aktualisierte Auflage 2009

ISBN: 978-3-86615-495-7

SMART
TRAVELLING

EIN PERFEKTES WOCHENENDE IN …
VENEDIG

www.smart-travelling.net

LIEBLINGSADRESSEN IN VENEDIG

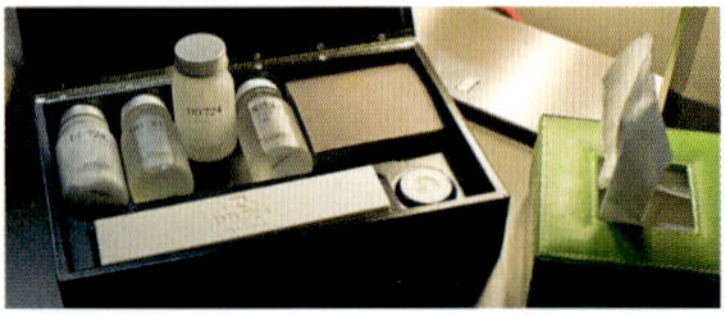

Hotel: DD.724
Dorsoduro, 724 (Ramo da Mula)
Tel: 0039 041 2770262
Seite 8

Hotel: La Calcina
Dorsoduro, 780 (Zattere ai Gesuati)
Tel: 0039 041 5206466
Seite 16

Restaurant: Harry's Dolci
Giudecca, 773 (Fondamenta San Biagio)
Tel: 0039 041 5224844 / 5208337
Seite 26

Restaurant: Corte Sconta
Castello, 3886 (Calle Pestrin)
Tel: 0039 041 5227024
Seite 42

Restaurant: Vini da Gigio
Cannaregio, 3628 A (Calle della Stua)
Tel: 0039 041 5285140
Seite 52

Restaurant: Al Mascaron
Castello, 5225
(Calle Lunga Santa Maria Formosa)
Tel: 0039 041 5225995
Seite 60

☞ Weitere Adressen finden Sie unter www.smart-travelling.net

Café: Rosa Salva
San Marco, 951 (Ponte Ferai)
Tel: 0039 041 5210544
Seite 68

Bar: Il Cantinone già Schiavi
Dorsoduro, 992 (Fondamenta Nani)
Tel: 0039 041 5230034
Seite 76

Shop: L'Isola
San Marco, 1468 (Campo San Moisè)
Tel: 0039 041 5231973
Seite 82

Gut zu wissen
Tipps, Ausflüge, Spaziergänge
Seite 89

DIE SCHÖNE MORBIDE

„Von Venedig ist alles gesagt und gedruckt, was man sagen kann", schrieb Goethe in sein Tagebuch. Was soll man da noch schreiben?
Dass sich zehn Millionen Besucher jährlich in der Lagunenstadt tummeln, die selbst nur rund 60 000 Einwohner hat? Aber so war das doch schon immer, sonst wäre Venedig heute nicht so wohlhabend.
Wie und wo fängt man an, Venedig kennenzulernen? Die schönste Anreise ist natürlich die mit dem Schiff. Von einem der riesigen Kreuzfahrtschiffe aus werden das Panorama nur wenige erleben, doch alternativ könnte man sich ein Wassertaxi leisten oder man tuckert vom Piazza Roma aus mit dem Vaporetto längs der prunkvollen Palazzi den Canale Grande entlang. Und auch nachdem ich das schon über zwanzig Mal gemacht habe, wundere ich mich jedes Mal wieder, dass es so etwas Morbides, unbeschadet Schönes in Europa überhaupt noch gibt. Deshalb ist natürlich „einmal Venedig" im Leben entschieden zu wenig, denn Venedig muss man richtig lernen zu genießen! Zum Glück bietet die Biennale jedes zweite Jahr einen guten Vorwand, um seine Kenntnisse erneut aufzufrischen!
Vielleicht aber sollte man einfach nur im Geiste während des Besuches immer wieder mal inne halten, niederknien, froh sein und sich freuen, dass uns die Welt so etwas Schönes wie Venedig beschert.

DD.724

VENEZIA

DD.724

Gleich hinter dem Guggenheim Museum im Viertel Dorsoduro versteckt sich diskret das DD.724 in einer winzigen Sackgasse, die von der Fondamenta Venier abgeht. Jetzt überrascht es wenig, dass sich auch der Eingangsbereich nur als eine Bonsai-Version eines Foyers mit einer winzigen Rezeption entpuppt. Dafür sind die Zimmer luftig und modern eingerichtet mit vielen netten Details und geschmackvollen Bädern, die bestens funktionieren. Die Betten sind besonders gemütlich und haben angenehm fluffige Decken, ohne die Muffigkeit alter Textilien, die einen in Venedig überall verfolgt.
Große Salons zum Verweilen werden Sie in diesem kleinen Boutique-Hotel allerdings nicht finden. Dafür gibt es einen hübsch eingerichteten Frühstücksraum, der – auch wenn er keine spektakuläre Sicht bietet – zum Frühstück mit einer köstlichen Pistaziencreme aufwartet, die herrlich zu Jogurt oder Brot harmoniert.
Zum Hause gehören, nur zwei Minuten zu Fuß entfernt, mehrere Appartements, die noch großzügiger ausfallen. Gefrühstückt wird gemeinsam im Haupthaus – oder Sie entscheiden sich gleich für das venezianische Leben und gehen in eine kleine Bar um die Ecke.

DD.724 Adresse: Dorsoduro, 724 (Ramo da Mula) Tel: 0039 041 2770262
Internet: www.thecharminghouse.com Email: info@dd724.it
Preise: DZ 330 Euro inklusive Frühstück

DD724
VENEZIA
HYDRATING
BODY CREAM
FIG EXTRACTS
DD724
MOISTURIZING
BODY WASH
FIG EXTRACTS
DD724
VENEZIA

Crema
Caffè
Crema
Pistacchi
Fichi

☞ Hotel Metropole – die Alternative

Eine gute Alternative mit vielen Vorteilen bietet das Hotel Metropole direkt am Riva degli Schiavoni mit herrlicher Sicht auf die Lagune. Das Foyer ist urgemütlich und mit reichlich Geschmack orientalisch dekoriert. Der Stil trägt die Handschrift der Besitzerin und passt harmonisch zur Architektur der Paläste. Im hinteren Bereich des Foyers befindet sich auch eine kleine Bar, die wir externen Gästen wärmstens empfehlen möchten. Ein wahrer Augenschmaus ist auf alle Fälle die Lounge. Leider fallen die Zimmer dagegen etwas ab, obwohl sie aufwendig mit Antiquitäten eingerichtet sind. Einige haben durchaus Charme, andere sind wiederum nicht so stimmig. Am besten wählen Sie Ihr Zimmer direkt vor Ort, wenn die Möglichkeit dazu besteht! Die Preise liegen je nach Aussicht zwischen 250 und 600 Euro, doch gibt es attraktive Nachlässe, wenn kurzfristig noch etwas frei ist.

Adresse: Riva degli Schiavoni, 4149, Tel: 0039 041 5205044
Internet: www.hotelmetropole.com, Email: venice@hotelmetropole.com

METROPOLE

Restaurant
78
La Piscina

PENSIONE
LA CALCINA
★ ★ ★

LA CALCINA

Das La Calcina ist ein ganz besonders sympathisches Hotel und als solches eine Rarität in Venedig, da sich Hotelbesitzer hier nie groß um ihre Gäste bemühen müssen, weil die Stadt sowieso fast immer ausgebucht ist!
Zum Glück sieht das Alessandro Szemere, Besitzer des La Calcina, anders. 1994 übernahm er das Hotel seiner Großmutter, die er in seiner Jugend von Rom aus während der Sommermonate jedes Jahr besuchte. Sicher sind die schönen Erinnerungen an die vergangenen Tage, die er mit seinen Freunden beim Schach auf der Hotelterrasse verbrachte, ausschlaggebend für die warme Atmosphäre, die überall im Haus gegenwärtig ist. Ein weiteres Lob gilt den schlichten Zimmern, die hell und luftig sind und teilweise einen herrlichen Blick auf Giudecca bieten.
Die Lobby ähnelt einem Literarischen Salon. Gäste, Künstler und Freunde gehen hier ein und aus und machen es sich mit einer Zeitung und einem Tee am Fenster gemütlich. Im Sommer sitzen natürlich alle auf der Terrasse des Restaurants La Piscina über dem Canale della Giudecca und genießen die Küche – mit vegetarischem Schwerpunkt – bei einem guten Glas Wein aus dem Veneto.

Wichtig: Buchen Sie rechtzeitig, es ist oft schon Wochen vorher ausgebucht.

La Calcina Adresse: Dorsoduro, 780 (Zattere ai Gesuati)
Tel: 0039 041 5206466 Email: info@lacalcina.com
Internet: www.lacalcina.com Preise: DZ mit Bad und Blick
130 – 250 Euro, Appartements von 160 – 240 Euro

NO SMOKING
DELLA SERA
La missione va avanti
Herald
Tribune
U.S. ready
ISRAEL LOBBY

PENSIONE
CALCINA

Ein Gespräch mit Alessandro Szemere

Besitzer des La Calcina

Ist das La Calcina schon immer ein Hotel gewesen?

Früher war es mal ein Café, das auch schon Zimmer vermietet hat. Um die Ecke befand sich eine Station für gelöschten Kalk. Die Boote fuhren immer unter der Brücke durch.

Seit wie vielen Generationen betreibt es Ihre Familie?

Seit drei, wobei die Generation meiner Eltern sich schnell zurückgezogen hat.

Gab es schon einige berühmte Gäste, die das La Calcina sehr schätzen?

Der berühmteste ist John Ruskin, er lebte 1877 für drei Monate hier.

Ein besonderes Kompliment?

Einmal hat mein Lieblingspianist Leif Ove Andsnes in unser Gästebuch geschrieben, dass er sich sehr freuen würde, mich einzuladen und nach dem Konzert hinter der Bühne kennenzulernen. Ich war so gerührt, dass ich drei Tage nicht schlafen konnte.

Wer macht Ihrer Meinung nach das beste Eis in der Stadt?

Ganz sicher wir selber. Es wird jeden Tag frisch gemacht – und selbstverständlich nur mit natürlichen Zutaten.

HOTEL FLORA

☞ Hotel Flora

Ein kleines venezianisches Plüsch-Hotel in zentralster Lage. Die gehäkelten Tischdecken und alten Möbel im Frühstücksraum machen den besonderen Charme des Hauses aus. Die Zimmer sind mit cremefarbenen Chippendale-Möbeln eingerichtet, ergänzt von puderigen Blumenstoffen. Alles in allem sehr liebevoll und charmant geführt.

Adresse: San Marco, 2283a, gleich neben Calle Larga XXII Marzo
Tel: 0039 041 5205844, Email: info@hotelflora.it
Internet: www.hotelflora.it, Preise: DZ um die 200 Euro

☞ Hotel Novecento

Unweit des Piazza San Marco befindet sich ein sympathisches Boutique Hotel mit einer ansprechenden Lounge, dekoriert mit marokkanischen Accessoires. Die Zimmer sind zwar winzig und nicht besonders hell, aber dies macht der kleine sonnige Innenhof mit dem üppigen Frühstück wieder wett.

Adresse: San Marco, 2683/84 (Calle del Dose, Campo San Maurizio)
Tel: 0039 041 2413765, Internet: www.novecento.biz
Preise: DZ mit Frühstück 140 – 260 Euro

HARRY'S BAR
VENEZIA
Bar
Vino

CIPRIANI®

HARRY'S DOLCI

Der Blick von der Insel Giudecca aus auf die Stadt Venedig ist unbeschreiblich schön. Das Panorama bei einem Teller *risotto cipriani* und einem kühlen Weißwein zu genießen, ist allerdings noch viel, viel schöner. Günstig ist es leider nicht, aber Sie können nirgendwo die Lagunenstadt aus kulinarischer Sicht romantischer erfahren. Und die Preise sind schon, bei fast identischer Karte, gegenüber bei der berühmten Schwester Harry's Bar, fast um die Hälfte günstiger.

Beim Blick auf die Karte trifft man auf all die Klassiker wie auf gute Bekannte, die Harry's Bar berühmt gemacht haben: der Bellini, das *carpaccio di chianina alla Cipriani*, *fegato di vitello alla veneziana con polenta* und die unglaublichen Torten, die in der Welt so bekannt sind wie die Gondeln.

Natürlich ist es auch bei schlechtem Wetter großartig hier, denn in dem großen Saal sitzt es sich auf den kleinen wohlgeformten Sesseln sehr einladend, und im Gegensatz zu den Plastikstühlen draußen stört kein unnötiger Schnickschnack das stilvolle Auge. Der Kellner ist wunderbar diskret und bringt in liebevoller Geste unaufgefordert gleich zwei Löffel zum Dessert! So können sich Hüften sowie das Konto auch diesen kleinen Luxus noch leisten!

Harry's Dolci Adresse: Giudecca, 773 (Fondamenta San Biagio)
Tel: 0039 041 5224844 oder 0039 041 5208337
Email: harrysdolci@cipriani.com Internet: www.cipriani.com
Öffnungszeiten: Mittwoch – Sonntag 11.00 – 23.00 Uhr
Bootsanlegestelle: Palanca

CIPRIANI

☞ Bellini

In Harry's Bar, Venedig, ist 1938 anlässlich der Kunstausstellung für den Maler Bellini der aperitivo „Bellini“ kreiert worden. Dazu wurde das gekühlte Fruchtmark von weißen Pfirsichen mit Prosecco vermischt und als Aperitif gereicht. Schnell avancierte der Bellini zum beliebtesten Drink der Stadt. Die großen Flaschen Bellini, die heutzutage in den Weinshops und Supermärkten angeboten werden, haben jedoch gar nichts mit der Firma Cipriani und Harry's Bar zu tun. Sie haben lediglich den Drink kopiert und vermarktet.

☞ Carpaccio

Erfunden wurde das *Carpaccio* um 1950 in Harry's Bar von dem Besitzer Giuseppe Cipriani. Es wurde für seine Stammkundin Contessa Amalia Nani Mocenigo entwickelt, der der Arzt den Verzehr von gekochtem Fleisch verboten hatte.

Nach Ciprianis Originalrezept wird zur Zubereitung von *Carpaccio* zuerst Rinderfilet roh in hauchdünne Scheiben geschnitten, gesalzen und kalt gestellt. Serviert wird das Fleisch mit einer kalten Sauce aus Mayonnaise, Worcestersauce, Zitronensaft, Milch, Salz und Pfeffer.

☞ Harry's Bar

Die Geschichte ...

Harry's Bar wurde 1931 von dem Italiener Giuseppe Arrigo Cipriani und seinem amerikanischen Freund Harry Pickering eröffnet, nach ihm wurde die Bar auch benannt. Schnell wurde die Bar für viele neue Gerichte berühmt.
In den 50er Jahren wurde sie dann vom internationalen Jet-Set entdeckt. Orson Welles oder Truman Capote gehörten zu den illustren Gästen, und Ernest Hemingway verewigte die Bar sogar in seinem Roman „Über den Fluss und in die Wälder".

... und heute

Seit 1980 wird die Bar von dem Sohn des Gründers, Arrigo Cipriani, geführt. In den kleinen Räumen, die sich über zwei Stockwerke ziehen, wuseln oft bis zu achtzig Personen im Service wie in einem Bienenstock umher. Die Bar ist immer geöffnet, doch es empfiehlt sich zu den klassischen Essenszeiten zu reservieren. Arrigos Sohn Giuseppe kümmert sich um die Restaurants in Amerika.
Harry's Bar liegt hinter dem Markusplatz in der Calle Vallaresso direkt an der Vaporetto Station.

Adresse: San Marco, 1323, Tel: 0039 041 5285777
Email: harrysbar@cipriani.com

HARRY'S BAR
VENEZIA
LISTINO PREZZI
delle consumazioni servite al banco
CIPRIANI®
APERITIVI Euro
Americano 12,00
Bitter Campari 12,00
Vermouth 12,00
Select-Rabarbaro-Aperol 12,00
Negroni 15,00
Sherry or Port Wine 15,00
Wodka 15,00
Pernod-Pastis 15,00
COCKTAILS Euro
Martini 15,00
Manhattan 15,00
Side Car 15,00
Bacardi 15,00
Daiquiri 15,00
Alexander 15,00
White Lady 15,00
Old fashioned (doppio) 20,00
BIBITE - Long Drinks Euro
Bellini 15,00
Bellini analcolico 7,00
Gin Fizz or Tom Collins 15,00
Bloody Mary 15,00
Vodka Collins 15,00
Roger's 17,00
Gin & Tonic 18,00
Screwdriver 17,00
Bellini nr. 1 17,00
Bellini nr. 2 17,00
Whisky Sour 15,00
Planter's Punch 17,00
Spremuta di limone 9,00
Spremuta di frutta 12,00
Servizio e tasse compresi
WHISKIES Euro
Scotch Whiskies 5 anni 17,00
Scotch Whiskies 12 anni 24,00
Canadian Whiskies 17,00
Bourbon Whiskies 17,00
Jack Daniel's Black 24,00
Macallan 12 anni 24,00
BRANDIES Euro
French Cognac 17,00
French Cognac V.S.O.P. 24,00
Brandy Italiano 12,00
LIQUORI Euro
Framboise 17,00
Kirsh 17,00
Drambuie 17,00
Liquori esteri 17,00
Liquori italiani 12,00
Fernet Branca 12,00
Calice di champagne 24,00
Calice di spumante 8,00
Euro
Caffè 3,00
Tea 7,00
Caffè Americano 7,00
Piccoli Sandwiches 6,00
Service included

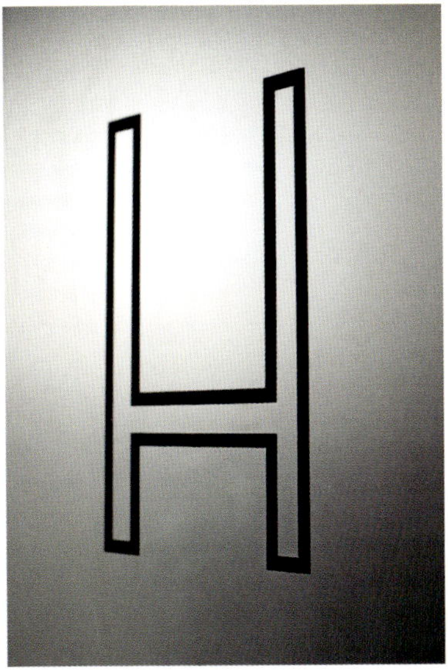

H

3

☞ Cipriani Hotel

Die Welt des Hotel Cipriani liegt mondän ausgebreitet an dem äußersten Zipfel Giudeccas, einer Oase der Ruhe und Eleganz. Die Stadt ist dennoch schnell wieder erreicht, da ein elegantes Holzboot, mit cremefarbigen Polstern, im 10-Minuten-Takt die Hotelgäste zu dem Cipriani-Anleger vor die Piazza San Marco bringt und wieder abholt. Alle Zimmer bieten einen herrlichen Blick auf die Stadt, das Mobiliar wirkt allerdings aus heutiger Sicht etwas altbacken. Der große Frühstückssaal erinnert an die Hotels luxuriöser amerikanischer Filme. Vermutlich ein Grund, warum besonders Amerikaner das Cipriani so lieben. Im Sommer bietet sich das Hotel besonders an, denn dann können Sie sich zwischendurch am Pool oder beim Tennis erholen. Dabei kann eine richtige Ferienstimmung aufkommen, weil Sie überhaupt nicht spüren, der Stadt so nah zu sein.

Adresse: Giudecca, 10, Tel: 0039 041 520 7744, Email: info@hotelcipriani.it
Internet: www.hotelcipriani.com, Preise: DZ ab 870 Euro

CORTE SCONTA

CORTE SCONTA

„Wenn ich mich für das Fischrestaurant meines Lebens entscheiden müsste, ohne Zweifel – meine Wahl wäre das Corte Sconta.“ – die Autorin.

Wenn Sie nach echauffierender Suche das versteckte Lokal gefunden haben und endlich durch die Tür stürmen, wird der Blick gleich über die malerisch präsentierten Köstlichkeiten auf dem langen Tresen wandern – und schnell wird eine große Vorfreude jede Hektik verfliegen lassen.
Zunächst bringt Sie die aparte Lucia Zambon, seit über 25 Jahren Seele des Hauses, zum Tisch. Sind Sie das erste Mal hier? Bestellen Sie den *vino della casa*, einen guten Valdobbiadere, und dazu unbedingt die *antipasti degustazione*. Auf der kleinen Weltreise durch die Gründe der blauen Lagune wird Ihnen jedes schwimmende oder krabbelnde Tierchen, einfach und unvergleichbar köstlich zubereitet, begegnen. Jetzt könnten noch zwei weitere Gänge eng werden. Vielleicht bietet sich da eine Portion *frittura mista dell' Adriatico* an, die im Corte Sconta hervorragend zart und knusprig schmeckt, oder für Kenner die frittierten *moleche*, kleine Minikrabben, die es leider nur in den Wintermonaten gibt. Zum wohligen Abschluss wird noch der berühmten Dogen-Caffè mit frischem venezianischen Gebäck gereicht. Ja, es könnte immer so weitergehen – ein ganzes Leben lang.

Corte Sconta Adresse: Castello, 3886 (Calle Pestrin) Tel: 0039 041 5227024
Öffnungszeiten: Sonntag und Montag geschlossen
Dienstag – Samstag 12.30 – 14.00 Uhr + 19.00 – 21.30 Uhr
Tipp: Im vorderen Raum oder auf der Terrasse reservieren!

Ein Gespräch mit Marco Proietto

Besitzer des Corte Sconta

Das Corte Sconta ist nie an Höhenluft erkrankt, sondern hat seine Qualität immer gehalten. Ist der Chefkoch immer der gleiche geblieben?
Das ist auch unser Ziel. Wir haben den Koch vor fünf Jahren gewechselt und seitdem die Gerichte noch ein wenig verfeinert, ohne dabei die einfache venezianische Küche zu verlieren.

Was haben Sie all die Jahre gemacht, bevor Sie 2005 das Corte Sconta mit Ihrer Tante von Ihren Eltern übernommen haben?
Ich habe überall auf der Welt im Service gearbeitet. Am Schluss war ich längere Zeit in Uruguay.

Hatten Sie das Bedürfnis, nachdem Sie so viel gesehen haben, einige Dinge im Corte Sconta zu ändern?
Nein, das Corte Sconta ist in seiner Art stimmig, das würde nicht passen.

Warum haben Sie am Sonntag und am Montag geschlossen?
Weil an diesen Tagen der Markt geschlossen ist und wir keinen frischen Fisch bekommen.

Haben Sie Köche, die nur für die Vorbereitung einer Vorspeise zuständig sind?
Ja, ein Koch pult nur die Krabben und ein anderer weiß am geschicktesten, wie das Fleisch aus den Seespinnen zu holen ist. Hauptsache das Team harmoniert und die Stimmung bleibt gut.

Wo gehen Sie abends in Venedig aus?
Die Szene findet sich jeden Abend am Bancogiro am Rialtomarkt ein. Dort hat sich ein ganzes Umfeld mit interessanten Bars in allen Facetten entwickelt. Die Bar Bancogiro war damals der Vorreiter in eine jüngere Richtung.

Sardinen in Essig (Sarde in Saor)

4 Personen

Die Zwiebeln in Öl glasieren, ohne sie dabei braun werden zu lassen. Den Weißweinessig mit dem Salz und Pfeffer hinzufügen. Das Ganze 30 – 40 Minuten köcheln, bis die Zwiebeln den Weinessig aufgenommen haben. Die Sardinen währenddessen waschen, ausnehmen, entschuppen und ganz leicht in Mehl wälzen. Anschließend kurz in einer Pfanne mit reichlich Olivenöl frittieren, abtupfen und in eine flache Form legen. Die in Wasser eingeweichten Rosinen mit den Zwiebeln und Pinienkernen bedecken und 24 Stunden ziehen lassen.

Klassisch als Vorspeise reichen oder zerkleinert und noch mal im Ofen erwärmt über frisch gekochte Spaghetti reichen.

6 Sardinen
200 g weiße Zwiebeln
30 g Weißweinessig
ein wenig Mehl
100 g Olivenöl
40 g Rosinen
40 g Pinienkerne
Salz und Pfeffer

VINI DA GIGIO

Vini da Gigio ist inzwischen der Treff für Menschen aller Welt, die etwas von guter Küche verstehen.
Die beiden Geschwister Laura und Paolo Lazzari verkörpern pure Leidenschaft für ihre Arbeit und das zu wirklich fairen Preisen. Lauras grandiose Fisch- und Wildküche sowie Paolos sicheres Händchen für besondere Weine überzeugen Venezianer wie auch reisende Gourmets.
Beginnen Sie mit den Fischvorspeisen und einer großen Portion frittierte Stockfischbällchen mit weißer Polenta. Sie zergehen auf der Zunge! Venezianische Klassiker wie *bigoli*, eine Nudelsorte aus Vollkornmehl, werden mit einer aromatischen Entensauce verfeinert. Sogar die zart angebratenen kleinen Tintenfischchen schmecken von Laura und ihrer jungen Chefköchin milder und auch delikater als sonst in der Stadt.
Wer dem Fisch nicht so Freund ist, kann sich im Herbst und Winter auf die köstlichen Wildgerichte stürzen. Fasane, Enten und Hasen werden vom befreundeten Jäger direkt in die Küche getragen und sofort verarbeitet.
Das Besondere bei Laura und Paolo ist, dass Sie auf Haubenniveau essen können, doch ohne dabei einen steifen Service, winzige Portionen und angestrengte Gäste in Kauf nehmen zu müssen.

Vini da Gigio Adresse: Cannaregio, 3628 A (Calle della Stua)
Tel: 0039 041 5285140 Internet: www.vinidagigio.com
Öffnungszeiten: Mittwoch – Sonntag 19.00 – 22.30 Uhr

Frittierte Stockfischbällchen

Für 6 Personen

Baccalà. Den Stockfisch dreimal wässern, immer wieder das Wasser austauschen. Die Milch erwärmen und den Stockfisch darin eine halbe Stunde auf kleiner Hitze köcheln lassen. Anschließend die restliche Milch abgießen und beiseite stellen. Den Stockfisch und den fein gehackten Knoblauch pürieren. Jetzt nach und nach langsam wie bei einer Mayonnaise das Olivenöl dazugießen. Wenn es zu fest wird, mit der abgegossenen Milch cremiger machen.

Kügelchen formen und anschließend in Mehl wälzen. In einer tiefen Pfanne reichlich Öl sehr heiß machen und die Bällchen ca. 4 Minuten darin frittieren.

Die Polenta. Das Wasser aufkochen und die Polenta einrühren. 5 Minuten auf kleiner Hitze köcheln und immer mal wieder umrühren. Die Polenta in eine flache Ofenform gießen und unter dem Grill im Ofen etwas bräunen.

1 kg getrockneten,
aber nicht gesalzenen
Stockfisch – Baccalà
1 l Milch
1 Zehe fein zerhackter
Knoblauch
1/2 Tasse gutes Olivenöl

Für die Polenta
500 g weiße Polenta –
notfalls klassisch gelbe
2 l gesalzenes Wasser

AL MASCARON OSTERIA

AL MASCARON

Luigi Vianello, besser bekannt unter dem Namen Gigi, führt das Mascaron seit über dreißig Jahren. Es ist eine venezianische Trattoria wie aus dem Bilderbuch: Vergilbte Fotografien und Bilder befreundeter Künstler schmücken die Wände, auf einer Bank stehen Weinkübel mit dem *vino della casa* malerisch aufgereiht und gegenüber dem Eingang findet sich ein vollgestellter Tresen, aus dem Gigi ab und zu hervorlugt, um Wein auszuschenken, während er mit ein paar alten Freunden scherzt.

Dieses Kleinod ist natürlich kein Geheimnis geblieben und so werden Sie nicht die einzigen Touristen sein. Doch solange Gigi noch so gute *pasta al nero di seppia* auf den Tisch bringt und die Leidenschaft für die lokale venezianische Küche ungebremst ist, bleibt das Mascaron eine verlässliche Adresse im Stadtteil Castello.

„Das Geheimnis guter venezianischer Küche liegt in der Qualität der Zutaten", betont Gigi, „wir haben das Glück, die Lagune vor der Tür zu haben." *Sepioline*, kleine gegrillte Tintenfische, schmecken hier besonders fein, und wer im späten Herbst das Glück haben sollte in der Stadt zu sein, darf die *canochie* nicht verpassen, denn die sind dann besonders zart und aromatisch.

Al Mascaron Adresse: Castello, 5225 (Calle Lunga Santa Maria Formosa)
Tel: 0039 041 5225995 Öffnungszeiten: Montag – Samstag
12.00 – 15.00 Uhr + 19.00 – 23.00 Uhr

E SPOS
ARTI

canti popolari del
NIVES
RO MARMOLADA
di Venezia
NE
Havana Club

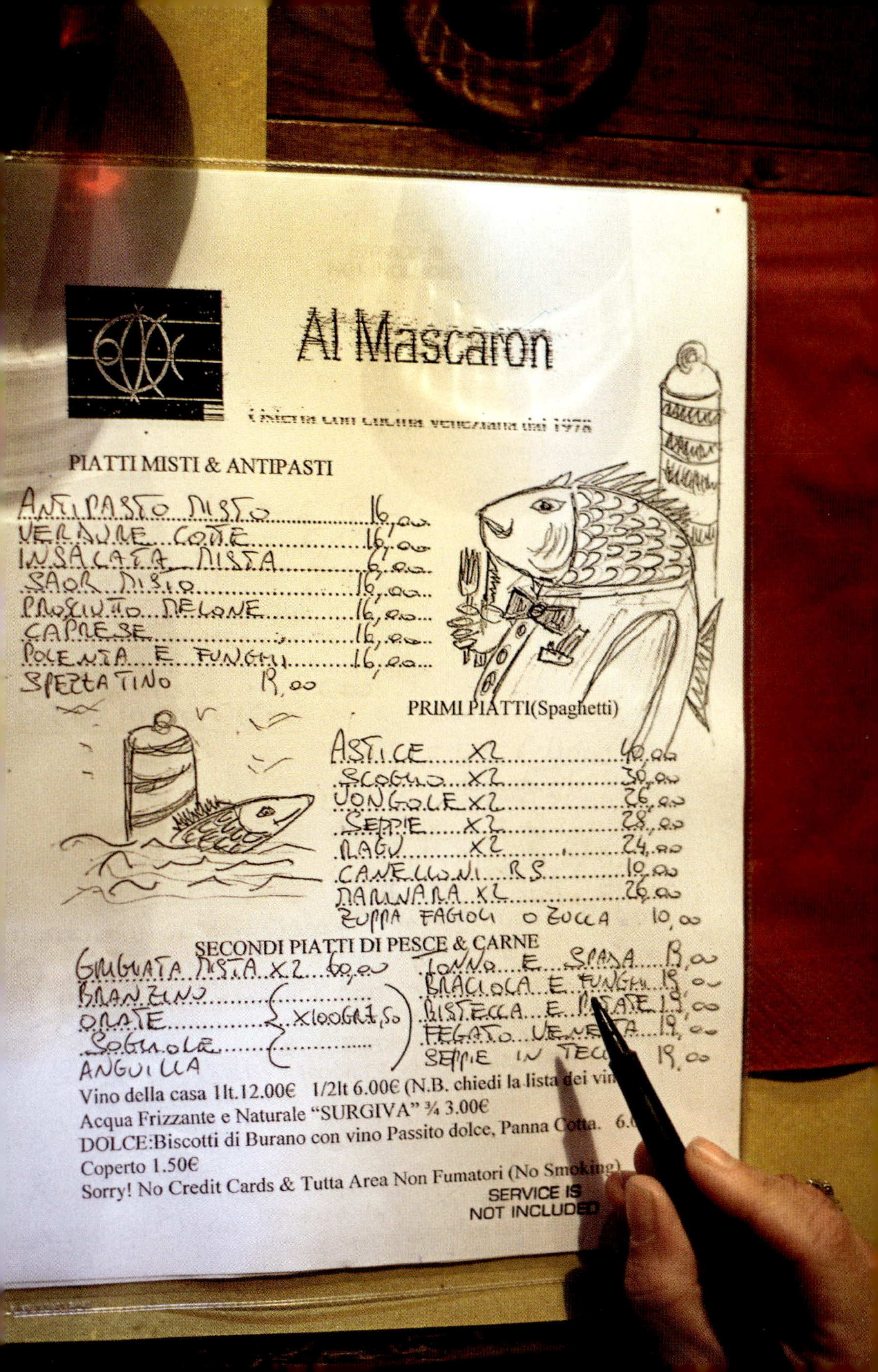
Al Mascaron
PIATTI MISTI & ANTIPASTI
ANTIPASTO MISTO 16,00
VERDURE COTTE 16,00
INSALATA MISTA 6,00
SAOR MISTO 16,00
PROSCIUTTO MELONE 16,00
CAPRESE 16,00
POLENTA E FUNGHI 16,00
SPEZZATINO 19,00
PRIMI PIATTI(Spaghetti)
ASTICE X2 40,00
SCOGLIO X2 30,00
VONGOLE X2 26,00
SEPPIE X2 28,00
RAGU X2 24,00
CANELLONI R.S. 10,00
MARINARA X2 26,00
ZUPPA FAGIOLI O ZUCCA 10,00
SECONDI PIATTI DI PESCE & CARNE
GRIGLIATA MISTA X2 60,00
BRANZINO
ORATE
SOGLIOLE
ANGUILLA
X100GR 7,50
TONNO E SPADA 18,00
BRACIOLA E FUNGHI 19,00
BISTECCA E PATATE 19,00
FEGATO VENETA 19,00
SEPPIE IN TECIA 19,00
Vino della casa 1lt.12.00€ 1/2lt 6.00€ (N.B. chiedi la lista dei vin
Acqua Frizzante e Naturale "SURGIVA" ¾ 3.00€
DOLCE:Biscotti di Burano con vino Passito dolce, Panna Cotta. 6.0
Coperto 1.50€
Sorry! No Credit Cards & Tutta Area Non Fumatori (No Smoking)
SERVICE IS NOT INCLUDED

MASCARON

Spaghetti mit schwarzer Tinte (al nero di seppia)

Für 4 Personen

Die drei Knoblauchzehen in reichlich Öl andünsten. Kleingeschnittene, gesäuberte Tintenfische dazugeben und andünsten. Nach ein paar Minuten mit etwas Weißwein ablöschen und anschließend die Tinte untermischen. Tomaten hinzufügen, mit Salz und Pfeffer abschmecken und alles eine halbe Stunde auf kleiner Hitze köcheln. Zum Schluss mit gehackter Petersilie und Basilikum abrunden.

1 kg kleine Tintenfische mit frischer Tinte oder
2 Beutelchen Tinte – denn frische Tinte gibt es schwer zu kaufen
750 g Tomaten im Glas
3 Knoblauchzehen
gutes Olivenöl
1 Schuss Weißwein
1 kl. Bund Petersilie und Basilikum
Salz, Pfeffer

In una sola ora, tra le 7 e
La città

ROSA SALVA

Schon am frühen Morgen strömen die Venezianer in die berühmte Pasticceria, um auf dem Weg zur Arbeit noch flink einen Cappuccino zu trinken und sich mit einer Köstlichkeit aus Antonio Rosa Salvas Backstube den Tag zu versüßen.
Das traditionelle venezianische Frühstück beginnt mit einem zwiebackähnlichen *baicoli* oder dem *bussolai*, einem recht trockenen Keks, der morgens in den Caffè und abends in Wein oder Zabaione getaucht wird. Venezianer behaupten gerne, dass es kein schöneres, feineres und gesünderes Frühstück gibt als ihr traditionelles Dogengebäck.
Falls Sie anderer Meinung sind, halten Sie sich nicht so lange mit den Keksen auf, sondern greifen lieber beherzt bei den *budinetti* zu, glitschige Puddingküchlein, und natürlich bei den *Bignets*, Windbeutel gefüllt mit einer Pistaziencreme. Sie sind einfach wunderbar! Wem das morgens zu mächtig ist, könnte in den Wintermonaten ein Stück *panettone* oder ein *cornetto* wählen und sich die feinen Küchlein für einen Nachmittagsabstecher aufheben.
Das Frühstück wird in einer herrlichen 60er-Jahre-Einrichtung klassisch im Stehen eingenommen, vielleicht auch ein Grund, warum im Rosa Salva sich nicht nur Touristen drängeln.

Rosa Salva Adresse: San Marco, 951 (Ponte Ferai) Tel: 0039 041 5210544
Adresse: San Salvador, 5020 Tel: 0039 041 5227934 Internet: www.rosasalva.it
Öffnungszeiten: Montag – Samstag 8.00 – 20.00 Uhr

Ein Gespräch mit Antonio Rosa Salva

Inhaber des Rosa Salva

Wie viele Generationen Ihrer Familie backen hier schon?

Vier Generationen. Mein Urgroßvater hat mit seinem venezianischen Gebäck schon den Palazzo Reale versorgt.

Haben sich die Zutaten der Kekse über die Jahre geändert?

Ja schon, früher waren die *bussolai* noch härter, es wurde mit weniger Butter gebacken, um den Keks für die Fischer haltbarer zu machen.

Auf welches Produkt sind sie besonders stolz?

Auf die *panettone* in der Weihnachtszeit. Früher stand bei meiner Großmutter nachts immer ein Wecker neben dem Bett, damit der Hefeteig in der Nacht noch einmal bearbeitet werden kann. Ein guter *panettone* muss 24 Stunden gehen und braucht ein bis zwei Tage Arbeit. Unsere *panettone* verschicken wir in der Weihnachtszeit in die ganze Welt.

Sind Sie in der Backstube aufgewachsen?

Ja, manchmal habe ich sogar in einer Schublade geschlafen und statt zu lernen viel mit Mehl gespielt.

Wie lange halten Ihre Kekse?

Bis zu vier Wochen sind sie optimal.

P.2
champagne
Tavoli
borgoni
vini

IL CANTINONE GIÀ SCHIAVI

Der *bacaro* ist bis heute der soziale Treffpunkt Venedigs. Er gehört fest zum venezianischen Alltag dazu. Jeder Venezianer liebt diese Orte zum Quatschen, um *ombra*, einen leichten Wein zu trinken und natürlich um *crostini*, kleine Brote, oder *cicheti*, warme köstliche Snacks, zwischendurch zu genießen.
Lino Gastaldi betreibt mit seinen drei Söhnen Piero, Paolo und Tommaso eine der am schönsten gelegenen *bacari* direkt am Canale Rio di San Trovaso im Dorsoduro-Viertel. Neben *ombra* gibt es bei Lino ungefähr sieben offene Weine, darunter auch einen wunderbaren *Amarone Bertani* und einen frischen *Prosecco Valpolicella*. Vorne in der Vitrine stapeln sich feine *crostini*, die Mamma Alessandra De Respinis täglich frisch zubereitet. Es sind mit die besten *crostini* der Stadt, wofür Alessandra auch schon vielfach ausgezeichnet wurde.
Jetzt einfach einen guten Wein aussuchen, sich ein paar *crostini* mit *baccalà* oder Thunfischcreme auf einem Tellerchen zusammenstellen lassen und an der Kanalmauer die Stadt von ihrer schönsten Seite genießen.
Übrigens nebenan gibt es das beste Pistazieneis der Stadt – als süßes Deckelchen zum Schluss!

Il Cantinone già Schiavi Adresse: Dorsoduro, 992 (Fondamenta Nani) Tel: 0039 041 5230034 Öffnungszeiten: Montag – Samstag 10.00 – 19.30 Uhr, im Sommer und am Samstag bis 21.00 Uhr, Sonntag 10.00 – 14.00 Uhr

€35,00
€19,50
€15,80
€21,50
€10,00
€12,50
€8,90
€11,00
€16,90
Limoncello di Capri
Limoncè
MANGAROCA
BATIDA DE COCO
JAMESON
ANIMA NERA
BAILEYS

☞ Bacaro

In einen *bacaro* kehrt man mit seinem Kumpel ein, tratscht über die Nachbarn, erzählt sich das Leid über den Abstieg des heiß geliebten Fußballvereins und versöhnt sich mit seinen Freunden und Feinden sowie dem Dreck in der Lagunenstadt. Dazu trinkt man einen *ombra*, einen leichten Wein. Leicht muss er sein, denn gerne startet man schon mittags und selten wird es bei einem Gläschen bleiben.
Die Qualität eines *bacaro* zeigt sich am Angebot und der Qualität der *crostini* und *cicheti*. Diese Vielfalt bietet sich bestens an, um traditionelle venezianische Rezepte bezahlbar auszuprobieren: Kroketten mit Thunfisch, Stockfisch-Petersilien-Schnittchen, frittierte Reisbällchen mit Fleischfüllung, gegrillte Auberginen, Artischocken und natürlich die venezianischen Köstlichkeiten *baccalà mantecato* (Stockfischmus) und *sarde in saor*, eingelegte Sardinen mit Zwiebeln, Rosinen und Pinienkernen (siehe Rezept S. 51).

☞ Ombra

Ombra ist der venezianische Begriff für ein Glas Wein. Ein kleines Gläschen fast 100 ml. 50 000 *ombre* werden in Venedig pro Tag getrunken, das sind bei 60 000 Einwohnern ein beeindruckendes Ergebnis. Wörtlich übersetzt bedeutet „ombra" Schatten. Apulische Weinhändler kamen Mitte des 19. Jahrhunderts mit ihren Fässern nach Venedig, um dort ihren billigen Wein auf der Piazza San Marco zu verkaufen. Um den Wein kühl zu halten, folgten sie stets dem Schatten des Campanile. Der Name blieb, auch als die Händler in die *bacari* umzogen.

Crema di Zucca
Ricotta e Parmigiano
€1,00

AMARONE
VALPOLICELLA
VALPANTENA
BERTANI

L'ISOLA

Ein klassisches venezianisches Souvenir ist aus Murano-Glas gefertigt. Doch wo findet man zwischen all der kommerziellen Massenware noch hochwertiges Handwerk?

Ein Blick in das Schaufenster von L'Isola zeigt sofort, dass hier in einer höheren Liga Glas geblasen wird. Wunderschöne Wassergläser, jedes ein besonderes Einzelstück, stehen in harmonischem Zusammenspiel mit größeren Objekten, Schalen und Vasen. Doch geht leider das Handwerk der Glasbläser immer mehr verloren. Die jungen Venezianer möchten einer leichteren Arbeit nachgehen, denn die Ausbildung ist schwierig und lang. „Deshalb kommen heutzutage die meisten Glassouvenirs von Venedig direkt aus Indien“, bedauert Manager Brian Totti.

Seine Kunden kommen aus der ganzen Welt. Einige ergänzen bei jedem Venedig-Besuch ihre Glassammlung um ein weiteres edles Exponat, denn die Gläser fangen bei 84 Euro an, was ein stolzer, doch angemessener Preis ist. Für das Design ist Carlo Moretti verantwortlich, der den Bogen zwischen Moderne und Tradition im reifen Alter noch mühelos schlägt. Leider ist ein Nachfolger für den inzwischen 70-Jährigen noch nicht in Sicht.

L'Isola Adresse: San Marco, 1468 (Campo San Moisè)
Tel: 0039 041 5231973 Internet: www.lisola.com
Öffnungszeiten: Montag – Samstag 9.00 – 19.00 Uhr

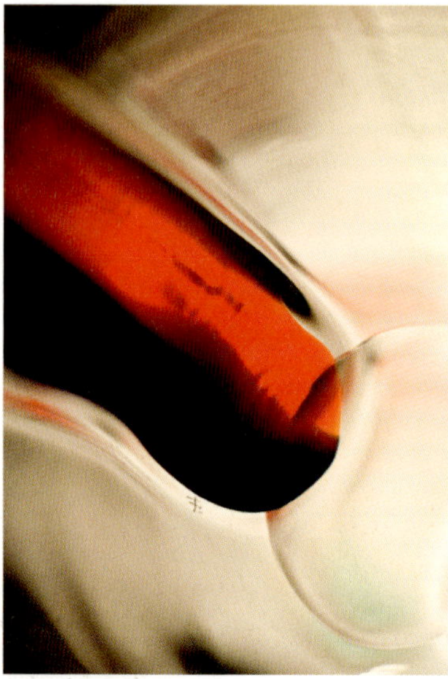

RISTORANTE

SMART
TRAVELLING

GUT ZU WISSEN

Venedig ist groß, darum ist dieser Infoteil so klein. Hier erfahren Sie nicht alles und jedes, sondern genau das, was Sie für ein perfektes Wochenende brauchen. Wenige, aber genau die richtigen Informationen: Wissenswertes über die venezianische Lebensart, eine kleine subjektive Auswahl an Sehenswürdigkeiten, Spaziergängen und Tipps für Unternehmungen am Sonntag. Dazu einen Stadtplan mit all unseren Lieblingsadressen, damit Sie nicht lange suchen müssen, sondern gleich anfangen können Venedig zu genießen.

VENICE CARD

Mit der Venice Card Blue kann man alle Verkehrsmittel benutzen und mit der Venice Card Orange hat man u.a. noch Zugang zu zehn Museen. Außerdem bietet die Venice Card verbilligte Tarife auf dem Boot zum Flughafen. Man bekommt die Venice Card am

Hauptbahnhof, am Flughafen und am Piazzale Roma sowie bei der „Biglietteria Vela“ an den großen Haltestellen.

Card Blue:

16,50 Euro / 18,50 Euro für 12 Stunden

Card Orange:

22,90 Euro/29,90 Euro 12 Stunden

Card Blue:

30,90Euro/33,90 Euro für 48 Stunden

Card Orange:

46,50 Euro/54,90 Euro für 48 Stunden

Tel: 0039 041 2714747

www.venicecard.it

Taxiboote fahren vom Flughafen direkt in die Stadt. Eine Fahrt für drei Personen mit Gepäck kostet zwischen 65 und 75 Euro, aber man muss vom Terminal zur Anlagestelle noch 5 Minuten zu Fuß laufen.

KULTUR

Basilica San Marco

Die erste Markuskirche wurde 836 aus Holz gebaut und ging 130 Jahre später in Flammen auf. 1043 – 1070, bis zur Fertigstellung der uns bekannten Markuskirche, wurde zwischendurch noch eine kleinere Basilika gebaut, die aber aus Eitelkeit und Geltungsbedürfnis der Dogen wieder eingerissen wurde.

Der Bau mit seinen fünf Kuppeln blieb im Wesentlichen bis heute erhalten. Durch ein Wunder und das Gebet der Geistlichen öffnete sich, so die Legende, ein Kirchenpfeiler, während die Erde bebte, und gab die in dem Brand verloren gegangenen Reliquien 120 Jahre später wieder frei. Sie waren immer das zentrale Thema, um das die Markuskirche gebaut wurde.

In der Kirche liegen auch die Gebeine des heiligen Markus, die Kaufleute zu erkennen wussten. Sie gehören zum Staatsheiligtum Venedigs und keiner zweifelte bisher an ihrer Echtheit.

Tipp: Besuchen Sie die Basilika unbedingt vor 9.00 Uhr morgens und benutzen Sie dafür den nördlichen Eingang, denn Sie wollen ja nur zum

Gebet kommen! Offiziell für Touristen öffnet sie erst um 9.45 Uhr.

Piazzetta San Marco
Öffnungszeiten:
Täglich 9.45 – 16.00 Uhr
Führungen von April bis Oktober
Montag – Samstag um 11.00 Uhr
Tel: 0039 041 2708311
www.basilicasanmarco.it

Teatro La Fenice

Venedigs weltberühmtes Opernhaus verzeichnet nicht weniger als drei Brände in seiner tragischen Geschichte. Schon 1773 ist es erstmalig dem Feuer zum Opfer gefallen, ein weiteres Mal 1836. Am 29. Januar 1996 folgte während Renovierungsarbeiten die nächste Katastrophe. Der Elektroingenieur Enrico Carella und sein Cousin Massimiliano Marchetti haben das Opernhaus in Brand gesteckt, weil Carella eine Konventionalstrafe von 7500 Euro wegen Arbeitsverzuges umgehen wollte. Es brannte bis auf die Grundmauern nieder. Nach dem Urteil konnte Carella nach Mexiko flüchten, wurde aber 2007 an Italien ausgeliefert. Nach einigen Kontroversen wurde das Juwel mit einer der modernsten Bühnen originalgetreu am 14. Dezember 2003 mit einem Konzert des „Orchestra del Teatro la Fenice“ wieder eröffnet.

Biglietteria Campo San Fantin, 1965
Tel: 0039 041 2424
www.festfenice.com
Öffnungszeiten: tgl. 10.00 – 18.00 Uhr

PALÄSTE

Ca' d'Oro

Dieser üppig geschmückte Palast „Ca' d'Oro“, im typischen spätgotischen Baustil errichtet, entstand in der ersten Hälfte des 15. Jahrhunderts und ist eines der Symbole Venedigs am Canal Grande. Der Baron Giorgio Franchetti, der ihn Ende des 19. Jahrhunderts kaufte und restaurierte, stiftete diesen Palast – zusammen mit seinen Kunstsammlungen – im Jahre 1915 der Stadt Venedig. Unter den Kunstwerken befinden sich Malereien von Giovanni Bellini, Carpaccio, der „San Sebastiano“ von Mantegna sowie Werke von Tiziano, Giorgione und Tintoretto. Venezianische Keramiken verschiedener Jahrhunderte, Marmorstatuen aus der Renaissance und Bronzesammlungen machen die Sammlung durchaus sehenswert.

Ca' Rezzonico

Das prunkvolle Patrizierhaus wurde Ende des 17. Jahrhunderts von Longhena im Auftrag von Bartolomeo Bon errichtet, aber aus Geldmangel so lange nicht fertig gestellt, bis es an die reiche Genueser Kaufmannsfamilie Rezzonico fiel. Heute beherbergt der Palazzo das Museum für die venezianische Kunst des 18. Jahrhunderts mit aus jener Zeit stammenden Gemälden und Einrichtungsgegenständen aus anderen Palazzi. Besonders bemerkenswert sind der prunkvolle Ballsaal von Andrea Brustolon, die Fresken von Giambattista Tiepolo und der Gobelinsaal mit dem Geschichtszyklus über die Königin von Saba. Eine schöne Gelegenheit einen Palazzo in seiner ursprünglichen Funktion anzuschauen.

Dorsoduro, 3136 (San Barnaba)
Vaporetto Haltestelle Ca' Rezzonico
Tel: 0039 041 241 01 00
Öffnungszeiten:
April – 2. November 10.00 – 18.00 Uhr,
3. November – März 10.00 – 17.00 Uhr

VERSTECKTE SEHENSWÜRDIGKEITEN

San Nicolò dei Mendicoli – das versteckte Juwel

Eine der schönsten Kirchen der Stadt wurde im 12. Jahrhundert errichtet und danach immer wieder umgebaut. Die Kirche ist leider besonders stark vom stetig steigenden Wasser betroffen und wurde mit Hilfe eines Fonds zur Rettung Venedigs einer sorgfältigen Renovierung unterzogen. Besonders schöne Holzskulpturen. Es ist die Lieblingskirche vieler Venezianer, was man sofort versteht.

Dorsoduro, Campo San Nicolò
Öffnungszeiten: Sonntag geschlossen, Montag – Samstag 10.00 – 12.00 + 16.00 – 18.00 Uhr

Santi Giovanni e Paolo (San Zanipólo)

San Zanipólo zählt zu den schönsten gotischen Kirchen Italiens und ist als Bauwerk noch beeindruckender als die etwa zur gleichen Zeit entstandene Frari-Kirche. Sie war die bevorzugte Grablege der Dogen.

Castello, Campo Ss. Giovanni e Paolo

AUSSICHTEN ÜBER SERENISSIMA

Auf dem Campanile der Markuskirche hat man einen atemberaubenden Ausblick besonders bei klarer Sicht und bei Sonnenuntergang. Übrigens sah Goethe von dort aus erstmals das Meer. Der Blick von San Giorgio Maggiore gegenüber ist aber fast noch besser.

Piazza San Marco

Serenissima ist der Beiname Venedigs und früherer Staatstitel: La Serenissima Repubblica di San Marco (Die erlauchteste Republik des Heiligen Markus).

MODERNE KUNST

Die Biennale

Schon seit 1895 ist die Biennale eine alle zwei Jahre stattfindende internationale Kunstausstellung in Venedig.

Der wichtigste und größte Treffpunkt sind die Giardini im Stadtteil Castello, wo sich 28 Länder in ihren nationalen Pavillons präsentieren. Über das gesamte Stadtgebiet verstreut stellen noch andere Länder aus, die keinen eigenen Pavillon auf dem Hauptgelände haben. Zur Biennale gehören auch die Filmfestspiele von Venedig, die Festivals für Musik, Theater und Tanz sowie die im Wechsel zur Kunst stattfindende Architektur-Biennale.

Giardini Pubblici
Castello (Riva dei Partigiani)
Biennale: Juni – September

Filmfestspiele: Ende August – Anfang September (jährlich)
Internet: www.labiennale.org

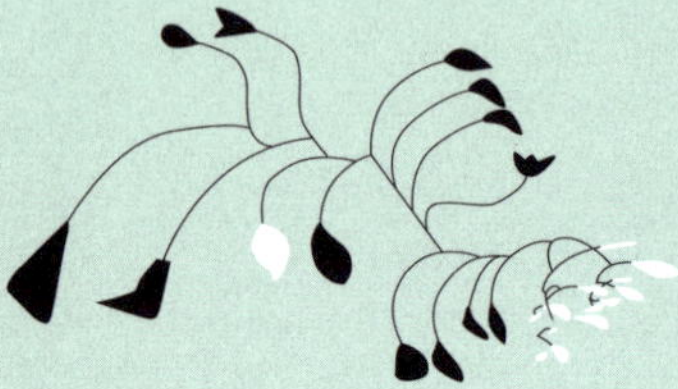

Collezione Peggy Guggenheim

„Il palazzo non finito" – der unvollendete Palast – hat nur ein Stockwerk. 1949 kaufte ihn die amerikanische Millionärin und Kunstsammlerin Peggy Guggenheim. Die darin untergebrachte Sammlung besteht aus 200 Gemälden und Skulpturen und ist ein guter Querschnitt durch die Moderne. Wichtige Künstler sind Picasso, Miró, Magritte, Kandinsky, Mondrian und Brancusi mit der schönen Skulptur „Vogel im Raum".

Dorsoduro, 701 (San Gregorio)
Tel: 0039 041 2405411
www.guggenheim-venice.it
Öffnungszeiten: Dienstag geschlossen, Mittwoch – Montag 10.00 – 18.00 Uhr

Fondazione Querini Stampalia

Die von der Familie Querini ins Leben gerufene „Fondazione" befindet sich in einem von dem Architekten Carlo Scarpa umgebauten Gebäude. Es ist ein wichtiger Ort für wechselnde aktuelle Ausstellungen in Venedig. Außerdem gibt es eine Bibliothek mit 200 000 Büchern und ein eigenes kleines Café im Haus.

Castello, 5252 (Santa Maria Formosa)
Tel: 0039 041 2711411
www.querinistampalia.it
Öffnungszeiten: Montag geschlossen, Dienstag – Samstag 10.00 – 20.00 Uhr, Freitag + Samstag 10.00 – 22.00 Uhr, Sonntag 10.00 – 19.00 Uhr

palazzo grassi

Palazzo Grassi

Der imposante Palazzo aus dem Klassizismus war bis 2004 Schauplatz aufwendiger Großausstellungen. Sein neuer Eigentümer, der französische Kunstmagnat Pinault, hat den Palast 2006 für 30 Millionen gekauft, mit dem Wunsch Teile seiner eigenen Sammlung zu zeigen sowie mit wechselnden Ausstellungsthemen den Palast zu bestücken. Von den aktuellen Ausstellungen wird man beim Vorbeifahren mit dem Vaporetto erfahren oder man schaut auf der Webseite (siehe S. 95) nach.

Campo San Samuele, 3231
San Marco
Tel: 0039 041 5231680
www.palazzograssi.it
Öffnungszeiten: Mittwoch – Montag
10.00 – 19.00 Uhr

MUSEEN

Gallerie dell'Accademia

Ein Museum, das man nicht verpassen sollte, denn es ist eine der besten Gemäldesammlungen der Welt und dennoch klein und überschaubar. In der ehemaligen Kirche und der daran angegliederten früheren Schule befinden sich Kunstarbeiten aus der Gotik bis zum Rokoko mit Meisterwerken von Bellini, Veronese, Tintoretto, Tiepolo und anderen. Berühmte Werke wie „Das Gewitter" von Giorgione, „Die Marienkrönung" von Veneziano und der „Sankt-Ursula-Zyklus" von Carpaccio sind allein schon eine Reise nach Venedig wert.

Dorsoduro, 1050 (Campo della Carità)
Tel: 0039 041 5222247
www.gallerieaccademia.org
Öffnungszeiten:
Dienstag – Sonntag 8.15 – 19.15 Uhr
Montag 8.15 – 14.00 Uhr

Scuola Grande di San Rocco

Diese Schule wurde 1515 von Bon & Scarpagnino erbaut und ist wegen der über sechsundfünfzig Bilderzyklen von Tintoretto, die sich in dem Saal im Erdgeschoss befinden, berühmt. Heute lassen sich hier zudem Arbeiten von Giorgione, Tiziano und Tiepolo bewundern. Auch die Kirche San Rocco, die sich in der Nähe befindet, birgt zahlreiche Ölgemälde des Malers Tintoretto.

San Polo, 3052
Tel: 0039 041 5234864
www.scuolagrandesanrocco.it
Öffnungszeiten: täglich;
28. März – 2. November 9.00 – 17.30 Uhr, 3. November – 27. März
10.00 – 17.00 Uhr

PLÄTZE

Campo Santa Margherita

Das Schöne ist: Hier ist immer etwas los. Wie eine Bühne bietet der Platz über den ganzen Tag die Möglichkeit von einem der vielen Cafés aus dem Treiben stundenlang zuzuschauen. Der Markt sorgt schon früh für einen quirligen Start, mittags nach der Schule nutzt dann die Jugend den Platz als „Catwalk" für die neuesten Outfits, anschließend beschlagnahmen die Kinder den Platz zum Spielen und nach der Arbeit stürzen die Männer in die Bars, um mit einem aperitivo den Feierabend einzustimmen. Es ist ein unermüdliches Kommen und Gehen bis weit nach Mitternacht.

Vaporetto-Haltestelle Ca'Rezzonico

Piazza San Marco

Die Piazza San Marco sollten Sie am Tag lieber vermeiden, so überlaufen ist er. Am Abend leert sich der wunderschöne Platz dann und es macht Spaß sich vor das romantische Café Florian zu setzen oder auf der Terrasse des Café Quadri einen caffè für ungefähr 7,50 Euro zu trinken und der klassischen Musik zuzuhören. Es wird sicher der teuerste caffè Ihres Lebens sein, sehen Sie es mit Humor, die Konzertkarte ist ja mit dabei – nur so für den Seelenfrieden.

KARNEVAL

Der Karneval in Venedig ist anders als der deutsche Fasching – ohne rheinischen Frohsinn und auch ohne Schunkeln unter Mengen von Alkohol.

Der venezianische Karneval hat eine fast 800-jährige Geschichte, während der er immer mal wieder verboten wurde, zuletzt von Kaiser Napoleon. Im Jahr 1980 wurde er zum letzten Mal noch einmal richtig wiederbelebt. Während der zehntägigen Dauer vor Aschermittwoch finden in der Lagunenstadt Umzüge und Darbietungen mit wunderschönen Masken statt. Diese Masken haben einen historischen Ursprung und sind sehr aufwendig gefertigt. Die Stimmung in der Stadt ist jetzt noch melancholischer, vor allem in den Morgen- und Abendstunden. Leider trifft man auch auf sehr geschmacklose bunte Hüte, Perücken und Verkleidungen, besonders von niveaulosen Touristen. Aber so ist es ja immer auf solchen Veranstaltungen, man kann es ihnen leider nicht verbieten.

Zeit: die letzten zehn Tage vor Aschermittwoch

GONDELN UND RUDERN, DER VOLKSSPORT NUMMER 1

Die Gondeln kamen wahrscheinlich erstmals im 11. Jahrhundert auf. Ursprünglich gab es sie in allen möglichen Farben und die damaligen venezianischen Adelsfamilien versuchten sich gegenseitig in der prachtvollen Ausstattung der Boote zu überbieten. Um die ungezügelte Prunksucht zu stoppen, erließ der Senat von Venedig 1562 das auch von der Kirche unterstützte Aufwandgesetz, welches einen einheitlichen schwarzen Anstrich für alle Gondeln vorschrieb. Eine Gondel-Lizenz wird meistens innerhalb der Familie vererbt und ist nur für viel Geld für einen Außenstehenden zu kaufen. Preise bis 300 000 Euro sind keine Seltenheit.

Gondolieri sind in der Bevölkerung sehr hoch geachtet, weil sie in der Freizeit in verschiedenen Rudersportvereinen trainieren, um für die Regatten fit zu sein. Rudern ist der Lieblingssport der Venezianer und die Gondolieri sind sozusagen die venezianischen Fußballstars, denn Fußball hat sich hier aus Platzmangel verständlicherweise nie durchgesetzt. Früher fuhr man die Regatten zu Ehre der Serenissima oder auch, um große Ereignisse zu feiern. Es rudern auch viele Venezianer in ihrer Freizeit, doch die Gondolieri haben natürlich einen Trainingsvorsprung.

Vogalonga – historische Regatten
Termin: erster September-Sonntag und am Himmelfahrtstag im Mai

Gondelfahrt für nur 0,50 Cent!
Es gibt übrigens mehrere Stellen am Canale Grande, wo man sich für nur 0,50 Cent oder für lau von einer richtigen Gondel übersetzen lassen kann. Die Stellen werden von der Kommune subventioniert und bieten eine gute Gelegenheit für wenig Geld in einer Gondel zu sitzen, auch wenn die Fahrt nur 5 Minuten dauert.
Eine Gondelfahrt kostet sonst mindestens 50 Euro und ist schon mehr etwas für verliebte Paare.
Eine Station befindet sich beim Rialto Markt, eine andere neben der Vaporetto-Station San Tomá. Die Ableger erkennt man an einem Schild mit einem Fisch als Logo.

WUSSTEN SIE, WIE ES UNTER DEN HÄUSERN AUSSIEHT?

Alle Häuser in der Stadt sind nach der gleichen Bauweise gebaut: Zwanzig Meter lange Eichenstämme wurden eng zusammen an schlammigen Stellen bis auf den Boden der Lagune getrieben. So wurde ein Holzplateau geschaffen, auf das man zwei horizontale Balkenschichten aufgenagelt hat. Die nächste Schicht bildeten die Ziegel, auf denen wiederum die Steine liegen, die aus dem Wasser ragen. Das Holzfundament versteinerte sich nach und nach und hielt, bis die Umweltverschmutzung zu stark an der Stabilität nagte, erstaunlich gut. Die Kanäle und Fundamente wurden in den letzten Jahren nach und nach alle gereinigt, um das stetige Absinken der Stadt zu stoppen.
Allein 12 000 Pfähle sollten der Rialtobrücke und sogar 176 627 Stämme der Kirche Santa Maria della Salute Halt geben.

GRAND HOTELS

★ ★ ★ ★ ★

Besonders in Venedig macht es Spaß, den Flair der Stadt von den drei großen Grand Hotels aus zu leben. In den Wintermonaten hat man über das Internet die Möglichkeit, ein Zimmer zu erstaunlich günstigen Raten zu buchen. Doch auch die Spitze des Luxus hat ihre Schwachstellen:

Danieli

Die Halle, die prunkvollen Treppen und die Lounge sind der gelebte Traum von morbider Schönheit. Die edlen Möbel und Textilien sind ganz in den alten Palazzo-Farben (purpur, oliv, petrol und gold) gehalten. Wir empfehlen die kostspielige Ankunft mit einem Wassertaxi, um stilvoll über den schönen Bootseingang in die Halle geleitet zu werden. Das muss dann schon sein. Die etwas puristischen Zimmer sind mit Antiquitäten eingerichtet, aber aufpassen, nicht alle Zimmer sind im alten Teil. Im neuen Trakt sind die Zimmer im Verhältnis zum Preis eine Enttäuschung. Bei der Reservierung darauf achten! Das Frühstück wird mit schönem Blick auf der Dachterrasse serviert. Leider auf Plastikstühlen!

Castello 4196 (Riva degli Schiavoni)
Tel: 0039 041 5226480
www.luxurycollection.com/danieli

Tipp bei Regen: Nicht-Hotelgäste können einen „afternoon tea“ in der schönen Halle genießen!

Gritti

Das Gritti ist ein venezianischer Traum aus Üppigkeit und Luxus und dabei durchaus stimmig und sehr venezianisch. Hier fühlen Sie sich noch mitten in die Ära der großen Grandhotels der Welt zurückversetzt. Kaum ein Accessoire verrät, in welchem Jahrtausend wir heute angekommen sind. Die Terrasse mit Blick auf den Canal Grande ist einfach grandios, noch nicht einmal Plastikstühle trüben das ästhetische Auge. Eine Nacht in der Zeitmaschine Gritti fängt bei 495 Euro für das Doppelzimmer an, ist jedoch je nach Auslastung verhandelbar. Auch über www.expedia.de sind Raten um 400 Euro zu buchen, allerdings ohne ein Frühstück.

San Marco, 2467
(Campo Santa Maria del Giglio)
Tel: 0039 041 794611
www.gritti.hotelinvenice.com

Bauer

Eine der ersten Adressen in Venedig. Die großzügigen, luxuriösen Zimmer sind einfach phantastisch. Charme und Glamour der Halle sind im Originalstil der 40er Jahre erhalten geblieben und auch die Gänge haben viel Flair. Doch das lieblose Standard-Frühstück mit billigem Supermarktjogurt und einfachem Aufschnitt entspricht leider nicht dem zu erwartenden Niveau und ist für 31 Euro nicht zu empfehlen. Das Café Rosa Salva ist aber nicht weit! Auch wirken die Frühstücksräume mit dem zweigeteilten Buffet trotz des schönen Blickes etwas unpersönlich, dafür kann man im Sommer herrlich auf der Terrasse sitzen und den Canal Grande nur mit einem Cappuccino genießen.

Tipp: Das hauseigene Boot bringt sie kostenlos nach Giudecca, weil dort das Bauer Palladio Hotel liegt.

San Marco, 1459 (Campo San Moisè)
Tel: 0039 041 5207022
www.bauervenezia.com

EINEN PALAST MIETEN

Leben wie ein Doge. Das kann Wirklichkeit werden, wenn Sie den „Piano Nobile" des Palazzo Mocenigo für 10 000 Euro die Woche mieten. Es gibt 5 Schlafzimmer mit 4 Bädern und großzügigen Wohnräumen auf einer Fläche von 500 qm mit einem Garten, der Ausgangspunkt für eine kleine Party sein könnte. Lord Byron wohnte zeitweise in dem Palast und schrieb hier an seinen Werken. Zusätzlich gibt es noch ein Appartement von 150 qm für 5600 Euro. Mit im Angebot enthalten ist das Frühstück und ein Zimmerservice. Ein Doppelzimmer kostet umgerechnet 285 Euro pro Nacht, was für einen 500 qm Palast am Canale Grande nicht überteuert erscheint.

Palazzo Mocenigo
San Marco, 3362 (Calle Corner)
Tel: 0039 041 2406878
www.livingasavenetian.com

DINNER IN EINEM PALAZZO

Die Österreicherin Romana von Schligen und ihr Mann Fabio Momo, der bis 2002 den Karneval in Venedig leitete, organisieren Galadinner in einem alten Palazzo oder besorgen Karten zu exklusiven Maskenbällen an den ungewöhnlichsten Orten in Venedig. Die guten Beziehungen zum Karneval sind nie abgebrochen und kommen jetzt ihren Kunden zu gute, die an unbekannte Orte der Stadt geführt werden, zu denen sonst nur Einheimische Zugang haben.

meeting europe
San Polo, 2879/a
Tel: 0039 041 5242668
www.meetingeurope.com

LEBEN WIE EIN VENEZIANER

www.veniceapartment.com bietet zum Teil sehr schöne Wohnungen zur Miete an. Einige stehen auch für weniger als eine Woche zur Verfügung. Die reizvollsten haben wir für Sie hier zusammengestellt:

Wohnung Country
Wohnung Ca' Zen
Wohnung Casanova
Wohnung Ca' Nova

BEST OF DELI

· CIOCCOLATO ·
· YOGURT ·

Eis:

Castello, 5727 (Salizada San Lio)
Tel: 0039 041 5223283
Öffnungszeiten:
Montag – Samstag 10.00 – 20.00 Uhr,

Boutique del gelato

Das cremigste und das beste Jogurteis überhaupt. Dabei ist es der kleinste Eisladen in Venedig. Unweit vom San Marco gelegen, lohnt es sich unbedingt den kleinen Schlenker für das unvergesslich gute Eis auf sich zu nehmen.

Gelateria Lo Squero

Das beste Pistazien-Eis von Venedig, vielleicht auch von Italien. In der noch nicht so alten Eisdiele versteht man es jedenfalls, gutes, nicht zu süßes Eis zu machen. Auch das Schokoladen-Eis ist bemerkenswert gut.

Dorsoduro, 990 (Fondamenta Nani)
Tel: 0039 041 413601
Tgl. 11.00 – 0.00 Uhr

Kaffee:

Caffè del Doge
Der beste Kaffee der Stadt. Hier bekommt man den traditionellen venezianischen Espresso handwerklich geröstet von der eigenen Rösterei am Rande der Stadt. Ob „100% Arabica", „Nero" oder „Doge Cialde Rialto", alle stehen für feines Aroma und nachhaltigen Geschmack. Die besten Restaurants der Stadt lassen sich nur von der Caffetteria del Doge beliefern. Die Verpackungen mit dem roten Dogen sind sehr dekorativ und ein damit ein ideales Mitbringsel.

Rialto San Polo, 608-610
(Calle dei Cinque)
Tel: 0039 041 5227787
www.caffedeldoge.com
Öffnungszeiten:
Montag – Samstag 7.00 – 19.00 Uhr,
Sonntag 7.00 – 1.00 Uhr

Panettone und Küchlein:

Caffè Rosa Salva
Die besten panettone, budinetti und Pistazienbignets der Stadt. Siehe vorderer Teil Seite 68.

San Marco, 951 (Ponte Ferai)
Öffnungszeiten:
Montag – Samstag
8.00 – 20.00 Uhr
Tel: 0039 041 5210544
www.rosasalva.it

Fegato alla veneziana:

Vino Vino
Altbekannte Enoteca mit wenigen Marmor-Esstischen. Stadtbekannt für das beste „fegato alla veneziana", dünn geschnittene Leber, in Weinessig mariniert und mit süßlichen Zwiebeln gebraten. Das angebotene Öl, aber auch der Essig sind von feinster Qualität und eignen sich zum Schmuggeln und Verschenken.

San Marco (Calle del Cafetier)
Tel: 0039 041 2417688
Öffnungszeiten:
Täglich 11.30 – 23.30 Uhr

WO ESSEN VENEDIGS HANDWERKER GUT UND GÜNSTIG?

Dalla Marisa
Marisa ist eine wunderbare Köchin, besonders für Fleisch.

Cannaregio, 625b
(Fondamenta San Giobbe)
Tel: 0039 041 720211
Sonntagabend + Montag geschlossen

Trattoria alle due gondolette
Eines der letzten sehr authentischen Arbeiterrestaurants.

Cannaregio, 3016
(Fondamenta Coletti)
Tel: 0039 041 717523
Öffnungszeiten: Samstag und Sonntag geschlossen, 7.00 – 14.00 Uhr

Palanca
Die preiswertere Alternative zu Harry's Bar, mit ebenso schönem Blick auf Dorsoduro.

Giudecca, 448
(Fondamenta del Ponte Piccolo)
Tel: 0039 041 5287719
Öffnungszeiten: Sonntag geschlossen, Montag – Samstag 7.00 – 20.30 Uhr

WO GEHT MAN AM SONNTAG MITTAGESSEN?

Alla Madonna
Das Madonna ist kein gemütliches Restaurant, doch dafür geht es in den vielen Räumen umso lebendiger zu. Die köstlichen Fischgerichte sind stadtberühmt und bei Venezianern wie Stammgästen aus aller Welt sehr beliebt. Kinder sind willkommen und fallen in dem lebendigen Trubel nur positiv auf. Eine echte Institution in Venedig.

San Polo, 594 (Calle della Madonna)
Tel: 0039 041 5223824
www.ristoranteallamadonna.com

Öffnungszeiten:
Dienstag – Montag
12.00 – 15.00 Uhr + 19.00 – 22.00 Uhr,
Januar und erste beiden Wochen im August geschlossen.

SHOPPING

Venedig ist keine Stadt, in der man gut Mode-Shoppen kann. Einige große Labels haben hier ihre Stores, aber es gibt wenig individuelle Läden mit einer kleinen persönlichen Auswahl. Deshalb haben wir uns in diesem Buch mehr auf die Dinge konzentriert, die es nur in Venedig zu kaufen gibt, wie schöne Stoffe, Perlenschmuck, Seiden- und Samtpantoffeln sowie Glas und Antiquitäten.

Stoffe:

Chiarastella Cattana
Schwere venezianische Stoffe nach alter Tradition. Dicke Baumwollen, Jacquards und Streifen, wie man sie in den alten Palästen findet. Es ist auch möglich, sich Betthimmel, Überwürfe und Tischdecken nach Maß anfertigen zu lassen.

San Marco, 3357
Tel: 0039 0348 2644080
Email: chiarastella.cattana@tin.it
Öffnungszeiten: täglich auf Anfrage

Weitere edle Stoffadressen:

Donatus
Palazzo Donà,
Fondamenta Nuove, Eingang Calle Donà – Cannaregio
Tel: 0039 041 2410674
www.donatus.it
Öffnungszeiten:
auf Anfrage; 10.00 – 13.00 Uhr + 14.30 – 17.00 Uhr

Bevilacqua
San Marco, 2520
(Campo Santa Maria del Giglio)
Tel: 0039 041 2410662
www.luigi-bevilacqua.com
Öffnungszeiten:
täglich 9.30 – 13.30 Uhr + 15.30 – 19.30 Uhr

Perlenschmuck:

MB – Le Burle Veneziane
Ganz im venezianischen Stil. Perlenschmuck wie aus den Zeiten der Dogen, modern umgesetzt. Es gibt

lange Ketten, die sich gut mit Hemden tragen lassen, oder auch historisch-enge Halsbänder zu dramatischer Abendgarderobe.

San Marco, 3436
(Piscina San Samuele)
Tel: 0039 041 5222150
www.leburleveneziane.com
Öffnungszeiten:
Montag – Samstag 10.30 – 19.00 Uhr

Palazzo-Pantoffeln:

Sonnenblume
Die original venezianischen Palazzo-Pantoffeln, klassisch in Samt oder Seide gearbeitet, gibt es an diesem kleinen Stand auf der San Polo-Seite der Ponte Rialto. Die Farbauswahl ist groß und anprobieren kann man in einem kleinen Lager 10 m vom Stand entfernt. Die Schuhe können auch bestellt werden.

San Polo, 496 (Ponte di Rialto)
Tel: 0039 034 85646545
Email: defranza@tiscalinet.it
www.sonnenblume.it

Handgefertigte Schuhe:

Rolando Segalin
Ein herrlich verstaubtes historisches Maßschuhgeschäft. Jeder Wunsch wird erfüllt, sei es ein butterweicher Mokassin oder ein Rokoko-Schnallenschuh. In Venedig eine einzigartige Institution.

San Marco, 4365 (Calle dei Fuseri)
Tel: 0039 041 5222115
Öffnungszeiten: Montag – Freitag
10.00 – 13.00 Uhr + 15.00 – 19.00 Uhr

Antikes Glas:

Galleria Rossella Junck
Die Galeristin Rossella Junck verkauft Sammlerstücke aus verschiedenen Epochen. Es sind seltene Arbeiten der besten zeitgenössischen Muranoglaskünstler. Eine Fundgrube, an der Glassammler in Venedig nicht vorbeikommen.

San Marco, 2360
(Calle le delle Osttreghe)
Tel: 0039 041 5207747
www.rossellajunck.com

Antiquitäten:

Antiquus
Wer ein besonderes Stück aus der Ver-

gangenheit Venedigs sucht, findet in diesem Antiquitätenladen mit drei weiteren Filialen bestimmt etwas Besonderes. Die Dinge haben auch ihren Preis, doch sind sie mit viel Feingefühl und Geschmack ausgewählt.

San Marco 2973 + 3131,
(Calle delle Boteghe)
Tel. 0039 041 5206395
www.antiquus.it
Öffnungszeiten:
Montag – Samstag 9.30 – 19.00 Uhr

Design:

L'Ottico Fabbricatore
Ein kleines exquisites Angebot an besonderen Dingen: Taschen, Modeaccessoires, Schmuck und wenige, ausgesuchte Kleidungsstücke. L'ottico Fabbricatore ist eine Besonderheit in Venedig, denn Läden dieser Art gibt es wenig.

San Marco, 4773 (Calle del Lovo)
Tel: 0039 041 5225263
www.otticofabbricatore.com
Öffnungszeiten: Montag – Samstag
9.00 – 12.30 Uhr + 15.30 – 19.30 Uhr

Märkte:

Mercato di Rialto – der Fischmarkt
Venedigs bekanntester und ältester Markt mit einer unglaublichen Auswahl an frischem Fisch. Das Gemüse ist zum großen Teil von der Lagunen Insel-Erasmo und an den Schildern „nostrane" zu erkennen, das so viel heißt wie „die Unsrigen". Aufgrund schlechter Umweltbedingungen kommt der Fisch nicht nur aus der Lagune, sondern immer mehr aus dem Mittelmeer. Einen Marktbesuch früh morgens sollten Sie nicht verpassen, mit ein wenig Glück schmettert ein Händler noch eine Opernarie, während er sich an seinen Fischen zu schaffen macht.

San Polo – Rialto
(Campo delle Pescheria)
Öffnungszeiten: Sonntag + Montag geschlossen, Dienstag – Samstag 6.00 – 12.00 Uhr. Der Gemüsemarkt ist nur Sonntag geschlossen

VIERTEL

Das Ghetto und die jüdische Küche
Ob die venezianische Küche die jüdische Küche beeinflusst hat oder umgekehrt, man weiß es nicht. Die

Juden lebten seit dem 12. Jahrhundert als Kaufleute und Geldverleiher in der Handelsstadt, wurden jedoch im 14. Jahrhundert vertrieben. 1556 durften sie in das heute noch unter diesem Namen bekannte Viertel Ghetto zurückkehren. Alle mussten sich mit Sonnenuntergang in das abgeschlossene Gebiet zurückziehen. Im 16. Jahrhundert gewannen sie mit einer eigenen Universität, Ärzten und Musikern an Respekt zurück und waren auch als Diplomaten und Übersetzer sehr gefragt. Gerichte wie Reis-Pilaw und die Verwendung von gelbem Kürbis und Gänsen sind jüdischen Ursprungs.

DIE KULINARISCHE FACHSPRACHE DER LAGUNE

bacalà mantecato........Stockfischmus
bevarasse........Minivenusmuscheln
bigoli........Vollkornnudeln
bovoleti........kleine Schnecken
canoce........Minihummer (von Oktober bis November)
caparossoli........Venusmuscheln
capasanta........die klassische „Shell“-Muschel
capelonghe........Stabmuscheln, in einem Rohr
folpeti........Babyoktopus
folpo........Oktopus
garusoli........Meeresschnecken (von Juni – September)
granseole........Seespinnen (von Oktober – Dezember)
lati di sepia........Tintenfischeier
moéca........kleine Krabben mit noch weicher Schale (von Oktober – Dezember)
peoci saltà........gedämpfte Miesmuscheln
risi bisi........Erbsenrisotto
risotto de bisato........Risotto mit Aal
sarde in saor........Sardinen mit Zwiebeln, Rosinen und Pinienkernen

DO SOMETHING YOU HAVE NEVER DONE BEFORE

Mit dem Schiff durch die Lagune

Wer Lust hat, die Lagune mit dem Boot zu erkunden, dem können wir nur die Cooperativa Limosa empfehlen. Sechs Frauen, darunter eine Deutsche, haben es sich zum Ziel gemacht, ökologisch nachhaltige Touren zu den Inseln zu organisieren und dabei auf die Umweltprobleme der Lagune aufmerksam zu machen. Interessanterweise werden auch unbekanntere Inseln wie Pelestrina, Santo Spirito, Sant`Erasmo oder Poveglia angefahren. Wer Lust hat, kann auch auf eigene Faust mit einem gemieteten Hausboot von der „Crown Blue Line“ eine Woche durch die Lagune schippern. Sie können ohne Führerschein Ihr Abenteuer starten, sollten aber dafür mehrere Tage einplanen. Die Ausflüge der Cooperativa Limosa dauern einen halben Tag bis drei Tage. Wer mag, kann auch einen Besuch bei den Fischern und ihren Familien in der Fischkooperative mit einplanen. Das Programm können Sie sich auch auf Deutsch zuschicken lassen!

Via Angelo Toffoli, 5 – Marghera
Tel: 0039 041 932003
Email: limosa@limosa.it
Internet: www.limosa.it

Es gibt 117 Inseln in der Lagune und jede größere der zahlreichen Inseln hat ihre Funktion sowie ihren eigenen Charakter: Fischerinsel, Friedhofsinsel, Gemüseinsel, Badeinsel und die Glasinsel – womit nur einige erwähnt wären.

Sant'Erasmo

Der Ausflug zur Gemüseinsel, die die ganze Region mit ihren herrlichen Artischocken, Zucchini, Erbsen und Bohnen beliefert, lohnt jederzeit. Von den idealen Bedingungen und dem fruchtbaren Boden wussten schon die Dogen und so war Sant`Erasmo schon immer der Gemüselieferant. Bei einem Spaziergang auf der Insel macht es Spaß, den Bauern beim Arbeiten zuzuschauen und ein wenig umherzuwandern. Wer etwas Pioniergeist mitbringt, sollte das Restaurant „Alle Vignole" besuchen. Es ist etwas schwer mit öffentlichen Verkehrsmitteln zu erreichen, aber das macht es ja umso reizvoller. Also, nach dem Wasserbus immer geradeaus, dann rechts über die Brücke und dann den Schildern folgen. Sonst einfach jemand fragen!

Alle Vignole
Isola delle Vignole, 12a
Tel: 0039 041 5289707

Öffnungszeiten: Montag geschlossen, Dienstag – Sonntag 10.00 – 22.00 Uhr, von April bis September geöffnet!

Murano

Die „Glasinsel“ erreicht man, indem man in Fondamenta Nuove ein vaporetto (Linienmotorboot) 41 oder 42 nimmt, das in ca. 10 Minuten die Insel erreicht.
Die kleine Insel Murano ist die wohl berühmteste Insel nach Venedig. Murano hat mehrere Vaporetto-Stationen. Wir empfehlen, gleich an der ersten Station auszusteigen und von dort aus den Spaziergang zu beginnen. Auf der seit rund 1400 Jahren besiedelten Insel haben sich die Glasbläser niedergelassen, und noch heute genießt der Name Murano in der Glasindustrie einen weltweit hervorragenden Ruf, obwohl das Handwerk leider am Aussterben ist, weil es an Nachwuchs fehlt. Die Veniniglaserei ist eine der ältesten.
Knapp vor der Vivarinibrücke liegt links die Kirche von San Pietro Martire, in der Fresken von Bellini, Tintoretto und Veronese aufbewahrt sind. Nach der Brücke gehen Sie Fondamenta Cavour entlang, wo das Gläsereimuseum steht, in dem gut 4000 Glaskunstwerke ausgestellt sind, die die Geschichte und die Glasverarbeitungstechniken anschaulich machen.
Wenige Schritte vom Museum entfernt befindet sich noch die Basilika der Heiligen Maria und Donato, die für das goldene Mosaik der „Vergine Orante“ (betende Jungfrau) bekannt ist.

Burano

Die Insel Burano ist von Fondamenta Nuove oder der Haltestelle Murano Faro (Leuchtturm) mit der Linie LN zu erreichen.
Sie ist bekannt für ihre farbigen Häuser und die Burano-Spitze, die Reticella. Die Spitzenstickerinnen stellen sie seit dem 16. Jahrhundert in der aufwendigen Nadelspitzen-Technik her. Am besten Sie bummeln ein wenig durch die Gassen und genießen das gemächliche Leben auf Burano und freuen sich zum Mittag auf eines der zwei nettesten Restaurants der Insel.

Trattoria da Romana

Genau die Trattoria, die man immer im Kopf hat: Eine schöne Terrasse, viele Fotos an den Wänden und weiß gedeckte Tische mit einfachen Holzstühlen. Die Fischgerichte, allen voran die Seezunge, sind besonders köstlich. Ein alter Familienbetrieb eben, wo man etwas von Tradition und von venezianischer Fischküche versteht.

Via Galuppi, 221 – Burano
Tel: 0039 041 730030

Al Gatto Nero

Hier geht es ganz typisch im Stil der Insel zu. Die Küche ist für Ruggeros Fischspezialitäten berühmt, besonders für das beste „risotto di go" der Lagune und die Antipasti. Den Abschluss bildet der berühmte Burano-Keks, die Bussolai.

Via Giudecca, 88 – Burano
Tel: 0039 041 730120
Öffnungszeiten: Montag geschlossen

Pellestrina

Die Insel Pellestrina ist so schmal, dass man keine zehn Schritte braucht, um am anderen Ende wieder anzukommen. Die Häuser sind so farbenfroh und bunt gestrichen wie auf Burano, nur wirkt alles noch authentischer und friedlicher. Die schönste Terrasse, um frischen Fisch zu genießen, hat das Celeste, das auch ein beliebter Anlaufpunkt der einheimischen Fischer ist.

Da Celeste
Sestier Vianelli, 625
Tel: 0039 041 96 73 55
Öffnungszeiten:
Mittwoch geschlossen,
offen von März – Oktober

Torcello

Die Insel Torcello ist von Fondamenta Nuove mit der Linie LN zu erreichen. Für die Venezianer ist Torcello das Juwel des Archipelago, wo die ältesten Bauwerke stehen und viele antike Kunstschätze wie die Kirche Santa Maria Assunta e San Fosca und die Torcello-Kirche zu bewundern sind. Heute werden auf der Insel wie auf Sant'Eurasmo hauptsächlich Artischocken angebaut. Einen Besuch sollte man an einem Wochentag planen, sonst nehmen die vielen Besucher viel vom Charme der Insel.

Es ist natürlich auch die Insel der berühmten Locanda Cipriani, die durch Carla Cipriani, eine begnadete Köchin, berühmt wurde, wie auch durch ihre illustren Fans wie Ernest Hemingway, Marc Chagall, dem englischen Hochadel und durch amerikanische Stars wie Nicole Kidman und Paul Newman. Carla Cipriani lebt leider nicht mehr. Doch der heutige Küchenchef versucht ihren Geist nicht verloren gehen zu lassen und so kann man hier noch immer in dem herrlichen Rosengarten ein phantastisches Gemüserisotto und das berühmte Carpaccio Carlina genießen.

Locanda Cipriani
Piazza San Fosca, 29 – Isola di Torcello
Tel: 0039 041 730150
www.locandacipriani.com
Öffnungszeiten:
Dienstag geschlossen,
Preise: Menu um die 70 Euro

Lido

Der Lido ist der Fluchtort aller Venezianer, wenn es zu heiß in der Stadt wird. Am besten leihen Sie sich gleich ein Fahrrad bei dem Kiosk auf der Gran Viale unweit der Anlegestelle und radeln beschwingt über die Insel. Das tut nach dem vielen Laufen besonders gut. Wer sich die teure Strandkabine des berühmten Hotel des Bains, Drehort des Films „Tod in Venedig", nicht leisten möchte, sollte am Ufer entlang bis an das andere Ende der Insel zu den günstigeren Badestränden fahren. Fahren Sie Richtung Excelsior Hotel, danach macht die Straße eine Kurve. Noch ein paar Stufen hoch und man braust eine Stunde lang am Ufer entlang, bis die Standbäder auftauchen.
Zum Baden gehört natürlich auch Eis-Essen. Eine Legende ist Titta auf der Santa Maria Elisabetta 61. Ihre Spezialität ist die Torta Titta aus Pudding, Schokolade, Meringhe und Haselnusseis.

Gelateria da Titta
Santa Maria Elisabetta, 61 – Lido

Eine weitere Attraktion ist der jüdische Friedhof. Schon berühmte Dichter wie Goethe, Keats und Byron liebten diesen Ort der Ruhe, wo dösende Eidechsen, Vögel und wucherndes Moos ihren Lebensraum gefunden haben.

Cimitero
Lido – Strada di San Nicolò
Tel: 0039 041 715359

NIGHTLIFE

Das Nachtleben spielt sich in Venedig hauptsächlich um den Rialto Markt ab. Für jedes Alter und jegliche Finanzlage ist das Passende dabei. Dort kann man einen guten Wein im „Naranzaria" trinken sowie einen Spritz im Stehen genießen oder sich ganz lässig mit einer selbst gekauften Fla-

sche Wein unter das Marktdach stellen und mit den Studenten anstoßen. Wein aus dem Veneto ist in Venedig sehr wichtig. Das lässt dieser venezianische Trinkspruch auch gleich erahnen:
Wer genug trinkt, schläft gut. Wer gut schläft, hat keine bösen Gedanken. Wer keine bösen Gedanken hat, tut nichts Böses. Wer nichts Böses tut, kommt in den Himmel.

Lo Spritz

Der typischste aperitivo der Venezianer ist ein großes Glas Spritz, ein Wein mit Wasser aufgeschäumt und mit einem Schuss Aperol oder Campari rot gefärbt. Einen guten Spritz bekommt man um den Fischmarkt herum.

Exclusiv trinken:

Harry's Bar
San Marco, 1323 (Calle Vallaresso)
Tel: 0039 041 5285777
www.cipriani.com
Öffnungszeiten:
täglich 10.30 – 23.00 Uhr

Szenig trinken:

NARANZARIA

Naranzaria

Angenehme unkomplizierte Bar mit coolem Publikum zwischen dreißig und fünfzig. Es gibt eine breite Auswahl an Weinen vom guten Prosecco bis zum edlen Amarone sowie natürlich den legendären Spritz. Geniale Lage am Campo San Giacometto, hinten raus sitzt man direkt am Wasser.

San Polo, 130 (Campo San Giacometto)
Tel: 0039 041 7241035
www.naranzaria.it
Öffnungszeiten: Montag geschl.,
Dienstag – Sonntag 12.00 – 2.00 Uhr

Bancogiro

Das Bancogiro steht bei den Venezianern hoch im Kurs. Die Besitzer Andrea und Elena vollbrachten damals eine echte Pionierleistung, indem sie die Behörden überzeugten, die alten Räume zu einer Bar umzubauen. Nach und nach sind dann weitere Bars rechts und links dazugekommen, woraufhin sich der Platz, an dem zum Glück wenig Menschen wohnen, als Treffpunkt für Nachtschwärmer entwickelte. Die cicheti, kleine Tapas, sind mit besonderem Anspruch gemacht, nicht zu vergessen die Weine. Die Räumlichkeiten oben wirken etwas beklemmend, also lieber draußen bleiben.

Bancogiro
San Polo, 122 (Campo San Giacometto)
Tel. 0039 041 5232061
Öffnungszeiten: Montag geschlossen, Dienstag – Sonntag 12.00 – 23.00 Uhr

Authentisch trinken:

Cantina do Mori
Die älteste „Bacaro" von Venedig und eine der schönsten Weinbars. Zu Wein und Prosecco werden salzige Kleinigkeiten wie Salami, Weißbrot mit Stockfisch, Sardinen und der Jahreszeit entsprechendes eingelegtes Gemüse angeboten. Zum Glück trifft man hier auch noch Einheimische, die ihrer Gewohnheit treu bleiben und zum Weintrinken nach wie vor hierher kommen.

San Polo, 429 (Nähe Fischmarkt)
Tel: 0039 041 5225401
Öffnungszeiten: Montag – Samstag 8.30 – 21.30 Uhr, Sonntag geschlossen

Studentisch jung:

Paradiso Perduto
Diese laute und lebendige Osteria in der Nähe von Ca' D'Oro ist ein beliebter Treffpunkt der Studenten, Nachbarn und jungen Zugereisten. Live-Bands spielen, während man große Portionen köstlicher Nudelgerichte verspeist und bis spät in die Nacht die Leute beobachtet. Wir empfehlen die scharfe Fischsuppe und danach die cichèti von der Bar mit einem Glas Wein.

Cannaregio, 2540
(Fondamenta della Misericordia)
Tel: 0039 041 720581
Öffnungszeiten: Mittwoch geschlossen, Donnerstag – Dienstag 18.00 – 2.00 Uhr

FILMTIPP

Tod in Venedig von Luchino Visconti
Der alternde deutsche Komponist Gustav von Aschenbach reist zur Erholung nach Venedig. In seinem Hotel begegnet er dem polnischen Knaben Tadzio, dessen reine Schönheit ihn fasziniert. Fortan verbringt er seine Zeit damit, den Jungen zu

beobachten, ohne jedoch engeren Kontakt mit ihm aufzunehmen. Als in der Stadt eine Cholera-Epidemie ausbricht, weigert sich Aschenbach abzureisen und stirbt schließlich im Liegestuhl am Strand, während er in den Anblick Tadzios versunken ist.

LESETIPPS

Der Liebhaber
ohne festen Wohnsitz

Eine stürmische Romanze bahnt sich an zwischen Mr. Silvera, dem geheimnisvollen, polyglotten Reiseleiter mit verblüffend profunder Kenntnis von Venedigs Historie und Kunst, und der römischen Principessa, die im Auftrag eines Auktionshauses eine venezianische Gemäldesammlung begutachtet. Doch was weiß der „Mystery Man" über den raffinierten Kunstschmuggel, dem die Aristokratin mit seiner Hilfe auf die Spur zu kommen versucht? Dieser Roman ist eine bittersüße Liebesgeschichte, eine fasziierende Hommage an Venedig und zugleich ein aufregender Krimi.

Futtero & Lucentini, Piper Verlag

Casanovas Venedig

Ein Reiselesebuch, das auf den Spuren Casanovas durch die Lagunenstadt Venedig führt. Weil man schon immer wissen wollte, wen er verführte, wo er sein Vermögen verspielte und wo er in Haft saß.

Lothar Müller, Wagenbach Salto V.

Gebrauchsanweisung für Venedig

Interessantes Insiderwissen aus Venedig, macht Spaß zu lesen!

Dorette Deutsch, Piper Verlag

PERSÖNLICHKEITEN

Tizian (eigentl. Tiziano Vecellio)
(1477-1576)

Der italienische Maler wurde um 1477 in Pieve di Cadore geboren. Er zählt als Hauptmeister der venezianischen Renaissance. Tizian starb am 27. 8. 1576 in Venedig.

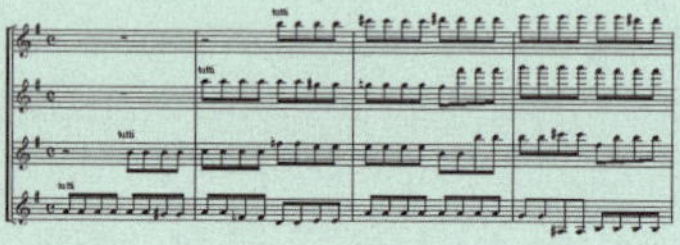

Antonio Vivaldi (1678-1741)

Italienischer Komponist, geboren in Venedig, war ein bedeutender Violinist und ein großer Meister des Concerto grosso. Er schrieb zahlreiche Konzerte wie z.B. „Die vier Jahreszeiten", drei Oratorien und Opern.

Casanova (1725-1798)

Italienischer Abenteurer und Schriftsteller, geboren in Venedig. Seine Eltern, beide Schauspieler, hatten ihn für das Priesteramt vorgesehen. Im Alter von 16 Jahren wurde Casanova jedoch wegen ungebührlichen Benehmens aus dem Priesterseminar ausgeschlossen. Danach war Casanova in wechselnden Diensten Sekretär und Soldat, war Prediger, Alchimist, Spieler und Spion und daneben immer wieder in politische Intrigen und in Liebeleien verwickelt. 1755 wurde er in Venedig wegen Gotteslästerung und Zauberei eingesperrt; 1756 gelang ihm jedoch seine spektakuläre Flucht aus den Bleikammern. Casanova bereiste ganz Europa, gewann das Vertrauen oder gar die Freundschaft vieler einflussreicher Persönlichkeiten und erwarb sich einen Ruf als geistreicher Zeitgenosse und Charmeur. In seinen Memoiren erzählt er vor allem von seinen Abenteuern und Liebesaffären.

WICHTIGE INFORMATIONEN

Tourist office:
Azienda di Promozione Turistica
San Marco, 71
Tel: 0039 041 5298711
Täglich 9.30 – 15.30 Uhr

City-Websites:
www.govenice.it
www.labiennale.org

Telefonieren:
Italien: 0039
Venedig: 041 (Null muss mitgewählt werden)

Transport Flughafen:
Von Marco Polo Airport bis San Marco mit dem Wassertaxi:
ca. 30 min. / 100 Euro
mit dem öffentlichen Boot „Alilaguna":
ca. 60 min. / 12 Euro

Taxiruf:
Tel. 0039 041 5237774
Tel. 0039 041 5265975

Fahrradverleih:
Barbieri
Via Zara 5, Lido di Venezia
Tel. 0039 041 5261490

Stadtmagazin:
Il Gazzettino di Venezia (wichtigste Tageszeitung mit Kultur-Teil)
La Nuova Venezia (Tageszeitung mit Kultur-Teil)
Artshow (Monatsausgabe Kunst)
Ospite di Venezia (Monatsausgabe Konzerte, Events, Shows etc.)

MEIN PERFEKTES WOCHENENDE

Freitag:

Samstag:

Sonntag:

NOTIZEN

GUTSCHEIN FÜR EINE PROBEMITGLIEDSCHAFT

Die Buchreihe „Ein perfektes Wochenende in ...“ wird herausgegeben vom Online-Cityguide www.smart-travelling.net. Hier finden Sie viele weitere ungewöhnliche Adressen für über 25 europäische Städte. Tipps für Shops, Galerien, Hotels, Snacks und Restaurants. Smart Travelling zeigt nicht alles und jedes, sondern sucht nach dem Authentischen und Besonderen, nach Orten, die das Flair einer Stadt ausmachen und uns immer wieder empfangen wie ein guter Freund.

Werden Sie bei unserem Online-Cityreiseguide www.smart-travelling.net kostenlos Probemitglied für drei Monate. Klicken Sie auf den ersten Schlüsselbutton (Gutschein einlösen) der Homepage und geben Sie im Schritt 2 das folgende Passwort ein:

VE200872-3x897a

☞ www.smart-travelling.net